जज़्बातों का शहर

दिल की गहराई से

Ashwani Khullar

BookLeaf Publishing
India | USA | UK

Made with ❤ on the BookLeaf Publishing Platform
www.bookleafpub.in
www.bookleafpub.com

Dedication

उन अनकहे जज़्बातों के नाम,
जो शब्दों में पनाह पाकर
कविताओं में साँस लेते हैं।

अपने माता-पिता के नाम,
जिन्होंने मुझे शब्दों और संवेदनाओं की नींव दी।

अपनी बेटी मन्नत (Mannat) के नाम,
जो मेरी कविताओं की मासूम मुस्कान और उजाला है।

अपनी पत्नी अमन (Aman) के नाम,
जो हर पंक्ति में मेरा साथ, स्नेह और प्रेरणा बनकर रहती हैं।

Preface

मेरी शायरी का सफ़र एक छोटे से कमरे से शुरू हुआ, जब मैं जालंधर में एम.बी.ए. की तालीम हासिल कर रहा था।

उस तन्हा कमरे में अल्फ़ाज़ मेरे हमसफ़र बने–और मेरी सबसे बड़ी प्रेरणा रहे शिव कुमार बटालवी, वो अज़ीम पंजाबी शायर जिन्हें "पंजाब का जॉन कीट्स" कहा जाता है।

उसी दौर में मैंने डॉ. सतिंदर सरताज को सुनना शुरू किया, जब वो अपने शुरुआती मंचीय सफ़र पर थे। उनकी नज़्मों और अल्फ़ाज़ ने मेरे दिल में ऐसी रोशनी जगाई, कि मैंने ज़बान और लफ़्ज़ों की तहक़ीक़ में और गहराई से उतरना शुरू किया।

यही तलाश, यही जुनून, मेरी कविताओं का ज़रिया बना– जहाँ हर शेर दिल की गहराई से निकला, और हर लफ़्ज़ मेरी रूह का आईना बन गया।

इस किताब में पाठक पाएँगे एक शायर के मिले-जुले जज़्बात, और वो ख़ामोशी जो काग़ज़ पर कलम की नोक से टूटकर अल्फ़ाज़ का रूप ले लेती है।

"जज़्बातों का शहर'' सिरफ़ कविता-संग्रह नहीं, यह दिल

की गहराइयों से निकली एक सुबह है जहाँ हर अल्फ़ाज़ एक किरण बनकर अंधेरों को चीरता है, और हर जज़्बात एक नई रोशनी का पैग़ाम देता है।

इस किताब में पाठक पढ़ेंगे ज़िंदगी के कई पहलू, कभी तन्हाई की ख़ामोशी, कभी मोहब्बत की नर्मी, कहीं रिश्तों के मायने तो कभी रूह की पुकार।

यह किताब उन दिलों के लिए है
जो अल्फ़ाज़ में अपना आईना तलाशते हैं,
और उन रूहों के लिए
जो ख़ामोशी को सुनना जानते हैं।

Acknowledgements

आभार

इस कविता-संग्रह "**जज़्बातों का शहर**" को संभव बनाने में मैं अपने **माता-पिता** का दिल से आभारी हूँ, जिन्होंने मुझे शब्दों का संस्कार दिया।

अपनी पत्नी **अमन** का आभार, जो हर पंक्ति में मेरा साथ और प्रेरणा बनकर मौजूद रहती हैं।

अपनी बेटी **मन्नत** का धन्यवाद, जिसकी मासूम मुस्कान मेरी कविताओं में उजाला भरती है।

मेरी सबसे बड़ी प्रेरणा रहे **शिव कुमार बटालवी**, जिनकी शायरी ने मुझे शब्दों की गहराई सिखाई।और डॉ. **सतिंदर सरताज**, जिनके अल्फ़ाज़ ने मेरे दिल में भाषा और लफ़्ज़ों की खोज का जुनून जगाया।

अपने दोस्तों का दिल से आभार,जिन्होंने हर कविता को ध्यान से सुना,मेरे जज़्बातों को समझा,और मुझे इस किताब को लिखने का हौसला दिया।

सभी मित्रों और पाठकों का धन्यवाद, जिनके बिना यह किताब अधूरी होती। यह संग्रह सिरफ़ मेरा नहीं, बल्कि उन सबका है जिन्होंने मेरी रूह को अल्फ़ाज़ में ढालने का हौसला दिया।

1. ए ज़िंदगी

के ज़ेहन में लिए उल्फ़तें कई,
फ़क़त बाग़ रहे हैं हम दर-बदर।
ए ज़िंदगी, तू कुछ पल तो ठहर...

थोड़ा वक़्त मिले तो करनी है मुझे खुद से ही गुफ़्तगू,
कई अपने हैं रूठे मुझसे, उनको मना भी तो लूँ।

इत्मिनान से बीत जाए कहीं मेरी एक सहर,
ए ज़िंदगी, तू कुछ पल तो ठहर...

न जाने कौन सी जंग जीतने में लग गया हूँ मैं,
मुझसे मैं ही कैसे कहूँ कि अब थक गया हूँ मैं।

कुछ ख्वाहिशों के बोझ, तो कुछ अनदेखी ज़िम्मेदारियाँ,
चैन की नींद नहीं आती किसी घड़ी, किसी पहर।
ए ज़िंदगी, तू कुछ पल तो ठहर...

2. क्या ही करेगा

जो दिल जज़्बातों से भी पिघल न पाये,
वहाँ फूल गुलाब का कोई क्या ही करेगा।

जहाँ दिल से दिल को हो न अकीदत,
हसीन चेहरा जनाब का वहाँ क्या ही करेगा।

मोहब्बत जताना भी हो जहाँ एक फ़ज़ल जैसा,
उस व्यापार जैसे प्यार का कोई क्या ही करेगा।

जो हैसियत को माप कर मेरी कैफ़ियत पूछे,
हर दम बदलते हुए किरदार का कोई क्या ही करेगा।

जिसकी चाँदनी तले भी लुट गया हो किसी का आशियाना,
ऐसे नूर-ए-महताब का कोई क्या ही करेगा।

3. माँ

माँ है तो कुल जहाँ है,
माँ से मेरी पहचान है।

माँ रात है दिन है हर पहर है माँ,
माँ के आंचल में ही डालती हुई शाम है।

माँ है तो दुनिया का हर दुख तिनके जैसा लगता है,
माँ वो है मुझको ख़ुदा जिनके जैसा लगता है।

माँ से ही तो सब ज़िंदगियाँ आबाद होती है,
माँ से हर आने वाली हवा में शाद होती है।

माँ की दुआ है साथ तो मुश्किल न कोई मुकाम है,
माँ के अंचल में ढलती हुई हर शाम है।

माँ है तो कुल जहाँ है,
माँ से मेरी पहचान है।

4. पिता

दुनिया में बस एक ही वो होता है पिता,
इंसान समझता तब है जब वो खोता है पिता।

हमें दुनिया की तमाम खुशियों से नवाज कर,
ना जाने क्यों दर्द को छिपा के अकेला रोता है पिता।

सब मुश्किलें हल हो जाती हैं "मैं हूं ना" उसके तीन ही लफ्जों से,
हमारे बुरे वक्त में कंधों में जान होता है पिता।

हमें हर चीज बेहतरीन नसीब हो,
मुमकिन ये करने में दिन रात नहीं सोता है पिता।

थके हारे इस जिंदगी की दौड़ में कभी पिता से गुफ्तगू करना,
सच जानो सुकून देने वाली पेड़ की छांव होता है पिता।

हमारा रहबर होता है दोस्त भी बन जाता है कभी,
एक ही चेहरे में कई किरदार होता है पिता।

कोई दिन नहीं चाहिए मुझे उनकी शख्सियत का
शुक्रिया करने को,
हर सांस हर पल का एहसान होता है पिता।

5. अनकही कुर्बानियाँ

बना के बिखर कर फिर ख़ुद को बनाते हैं वो,
रोज़ घर जाने की चाह में "जल्दी जाऊँगा" कह कर सो जाते हैं वो।

ज़ेहन में लिए सपने वो ज़िंदगी सँवारने के,
सपनों के लिए नींद भी पूरी नहीं कर पाते हैं वो।

जब देखते हैं किसी को मनाते हुए दीवाली अपनों के साथ,
कहीं न कहीं आँसुओं को छिपाते हैं वो।

पास रहना ही ज़िम्मेदारी का एहसास नहीं होता,
दूर रह कर भी ज़िम्मेदारियाँ निभाते हैं वो।

6. एक और साल

समय की पाबंदी में एक और साल बीत गया,
कोई जीती बाज़ी हार गया,
कोई हार कर भी जीत गया।

कहीं हुई तबाही लाखों में,
कईयों के सपने टूट गए।

कुछ बरसों बाद मिलाप हुए,
कईयों के अपने रूठ गए।

नफ़रत को गले लगाकर,
कोई छोड दिलों में प्रीत गया।
समय की पाबंदी में एक और साल बीत गया।

इसी बरस की गोद में पनाह ली कुछ आहों ने,
पूरे हुए इसी में सपने कुछ निगाहों के।

यही दौर में कुछ अपनी लकीरों के ग़ुलाम हुए,
बदल लकीरें अपने दम पर दुनिया में कई नाम हुए।

अपनी बरबादी पर भी यहाँ कोई गा जश्न का गीत गया,
समय की पाबंदी में एक और साल बीत गया।

7. बेटी के जन्मदिन पर

सदा खुश रहे तू, मुस्कुराती रहे हर दम,
सोचता हूँ तेरे लिए कुछ अलग क्या किया जाए।
एक सवाल मेरे ज़ेहन में है –
बेटी, तेरे जन्मदिन पर क्या दिया जाए।

तारों ने बोला हमें ले जाओ, हम उसको रोशन कर देंगे,
पर तेरी हँसी के आगे उन्हें फीका पड़ते देखा है।
चंदा मामा भी आए थे अपना दम लगाने को,
तेरी आँखों में झाँक के मैंने लाखों चाँदों को देखा है।
क्या आसमान को ख़रीद लूँ या इस ज़मीन को मोल लिया जाए,
एक सवाल मेरे ज़ेहन में है –
बेटी, तेरे जन्मदिन पर क्या दिया जाए।

फिर उठाकर कलम कुछ लिख रहा हूँ,
शायद ये तुझे पसंद आ जाए।
दुनिया में इसकी कोई कीमत तो नहीं,
पर हो सकता है तेरे लिए तोहफ़ा बन जाए।

"मम्मी-पापा की दुलारी हो तुम,
इस दुनिया से न्यारी हो तुम।
तुमने सिखाया है मुझे खिल के हँसना,
इसलिए जान से प्यारी हो तुम।

कभी-कभी थपथपा कर मुझे सुला दिया करती हो,

इतनी छोटी-सी हो पर कितनी सयानी हो तुम।
कैसे लिखूँ, कहाँ से लफ़्ज़ों को घेर के लाऊँ,
खिले हुए फूलों की क्यारी हो तुम।
सुना था परियाँ कैसी दिखा करती हैं,
आई नन्हीं-सी परी बनके हमारी हो तुम।"

क़ुबूल करना ये तोहफ़ा पापा का बेटा,
लफ़्ज़ों की ही जायदाद है जिसकी।
दुनिया में चाहे जहाँ मरज़ी खड़ा हो,
तेरे आगे हर दम ढाल है इसकी।

8. हौसलों की रोशनी

तुम अपने तसव्वुर की तस्वीर दीवारों पर बनाते जाना,
बढ़ते हुए कदमों के साथ हौसलों को भी बढ़ाते जाना।

जिन चेहरों पर उदासी ने घर बना लिए हैं,
उन चेहरों पर रंगों भरी मुस्कराहट लाते जाना।

खुशी अपनी को न रखना मोहताज किसी का,
हर मोड़ पर अपना किरदार बाखूबी निभाते जाना।

अगर मिल जाए मुतमइन रहने का कोई ठिकाना,
भटके हुए लोगों को उसका पता बताते जाना।

कैसे शिकस्तों में भी चेहरे पर मुस्कराहट रखते हो,
इस राज़ से भी पर्दा तुम उठाते जाना।

9. तलाश

खोया हुआ हूँ दुनियावी आबशारों के अफ़सानों में,
मरे अक्स को ही मेरा वजूद मान के चला मैं।

मरे ज़ेहन में खयालात आते हैं सवालियात से,
ये आरज़ी-सी दुनिया में उनका जवाब ढूँढने चला मैं।

कहने को तो मक़बूल किये हैं मैंने तेरे फ़रमान-ए-ज़िंदगी,
फिर भी कोशिश अपनी से हवा में महल बनाने चला मैं।

रूहानियत की बातों से वह वही तो बहुत उठाई मैंने,
ज़माने को सुनाता रहा मगर उनमें खुद ही ना ढला मैं।

10. दर्द-ए-मोहब्बत

रहने दे मुझे इस सरज़मीन के तले,
कहीं उठ के दर्द-ए-इश्क़ बयान ना कर दूँ।

दबा रहने दे इन लफ़्ज़ों को मेरी मुस्कराहट में,
कहीं इनके तीरों से तुझे ताबाह ना कर दूँ।

ए मोहब्बत, बस इतनी-सी ख़्वाहिश थी तेरी,
के खुद को दफ़न भी कर दूँ और मिट्टी भी भर दूँ।

मैंने हूबहू तेरी ख़्वाहिश को दोहरा दिया,
खुद की जान भी ले ली और खुद को क़ातिल भी ठहरा दिया।

शायद ही चुका पाया हूँ तेरा कर्ज़ मैं इस जहाँ में,
इसलिए अगला जनम भी मैंने तेरे नाम करवा दिया।

11. अगर तुम साथ हो

अगर तुम साथ हो तो हर ग़म की हवा ठहर जाती है,
अगर तुम साथ हो तो जीवन में ज़िंदगी लौट आती है।

बिन तेरे ये चार दीवारों का ढांचा-सा लगता है,
तेरे होने से इस मकान में घर जैसी महक आती है।

तेरी फ़ुरकतें मेरे जहाँ को ख़ाली-सा कर देती हैं,
तेरे वस्ल से इस दुनिया में ज़िंदगी भर जाती है।

क्या ज़िक्र करूँ तेरे आगे मेरे हर्फ़ों को बिखेर कर,
हर बार ये निगाहें मेरी कैफ़ियत सुना जाती हैं।

अगर तुम साथ हो तो हर ग़म की हवा ठहर जाती है,
अगर तुम साथ हो तो जीवन में ज़िंदगी लौट आती है।

12. इस दीवाली

इस दीवाली कुछ ऐसा कर जाएं,
चलो किसी के अंधेरे रास्तों को रोशन कर जाएं।

जहाँ नफ़रत की दीवारें सीना तान खड़ी हैं,
उन दिलों में मोहब्बत के कुछ दिए जलाएं।

जहाँ ग़म की हवाओं ने घर बना रखे हैं,
उन घरों में खुशियों के कुछ गीत गुनगुनाएं।

कुछ बैठे हैं सड़क के किनारे मेहनत के धनी,
बिना मोल-भाव किए उनको दीवाली दे आएं।

बाहर जलाए दीयों से तो आलम रोशना जाएगा,
एक रूहानी दिया हम सब खुद में भी जलाएं।

13. कई बार

दगमगाते कदमों से चुना था जिन रास्तों को,
वही रास्तों ने कदमों को संभाला है कई बार।

पर्दे तो गैरों ने डाले हैं जनाब,
हमारी कमियों को तो अपनों ने उछाला है कई बार।

जो चाह के भी हम कभी बदल नहीं पाए,
उन परिस्थितियों में खुद को ढाला है कई बार।

ए ज़िंदगी, तेरी दी हुई मुश्किलों की कोई कमी नहीं,
करम खुदा का इनको भी नाज़ों से हमने पाला है कई बार।

14. कोशिश तो करते

ऐसा भी ना रूठे थे जैसे ज़िंदगी रूठ जाए,
फ़क्त एक मुस्कुराहट चाहिए थी मनाने के लिए।
तुम कोशिश तो करते,

हम हर जाते तुम्हें जीताने के लिए,
मगर तुम कोशिश तो करते।

आवाज़ भी ना दी मुड़ कर बिछड़ जाने लगे जब,
तेरे नक्श पर चल आते बुलाने के लिए,
तुम कोशिश तो करते।

वैसे तो तुम भी दस्तूर-ए-दुनिया के मुरीद निकले,
टूट कर फिर ना जुड़ने वाली एक उम्मीद निकले।

एक तरफ़ा फ़ैसला कर तुम तो आगे बढ़ गए,
खड़े रहे हम यहाँ तेरे आज़माने के लिए,
तुम कोशिश तो करते।

हम हर जाते तुम्हें जीताने के लिए,
मगर तुम कोशिश तो करते।

15. तुम हो तो

तुम हो तो ये चार दीवारी भी बाग़बान जैसी लगती है,
बिना तेरे ये घर की शक्ल एक मकान जैसी लगती है।

तुम मेरे हौसले को उकाब सी उड़ान देती हो,
तेरे बिना ना रहे कंधों में जान जैसी लगती है।

तेरे हर लफ़्ज़ को मैं बड़े ग़ौर से सुनता हूँ,
तेरी हर बात मुझे मेरी किसी अशआर जैसी लगती है,

तेरे चेहरे की मुस्कुराहट का खुदा से इंतिख़ाब करता हूँ,
रूठ जाती है खुदाई जब कभी तुम परेशान जैसी लगती है।

अगर करू तसव्वुर मौसम का तो बहारों सी हो तुम,
तुम्हारे नूर की लाली किसी सुरख़ु रूह शाम जैसी लगती है।

16. फ़लसफ़ा-ए-ज़िंदगी

जहाँ हर शख़्स हो यक़ीन के क़ाबिल,
ये शहर है दोस्त, कोई गाँव थोड़ी है।

तेरी हर ख़ता को माफ़ नहीं कर सकती,
ये ज़िंदगी है दोस्त, कोई माँ थोड़ी है।

जीवन की मुश्किलों को सीख जाओ तुम गले लगाना,
अकेलों का रास्ता है ये, कोई कारवाँ थोड़ी है।

गुज़रे हुए ज़मानों को नामुमकिन है बदलना,
बीता हुआ कल है वो, आने वाला समाँ थोड़ी है।

17. आरज़ू -ए-दिल

इन मजबों मुल्कों और औहदों में फँसा इंसान,
इन उड़ते परिंदों सा आज़ाद हो जाए तो क्या बात होगी,

कहीं से उग आए उम्मीदों का वो सूरज,
ज़ेहन पर शिकस्तों की जब छाई रात होगी।

मुश्ताक हैं खड़े जो तेरे इक दीदार के लिए,
उन पर कब तेरी मेहर की बरसात होगी।

तेरा मिलना एक ऐसे एहसास होगा,
जैसे अंधेरों की सूरज से मुलाक़ात होगी।

जब हो गया पूरा जहाँ तुझसे वाक़िफ़,
तेरे सजदे में झुकी कुल क़ायनात होगी।

18. ख़ुदा की रज़ा में

ख़ुदा की रज़ा में रहने वालों को लियाक़त आ ही जाती है,
आलम-ए-फ़ाज़ल लोगों में भी अहम की हिमाक़त आ ही जाती है।

तक़रीरों से नहीं न हल होते हैं तबरीरों से,
एक चुप्पी रिश्तों को टूटने से बचा भी जाती है।

बिना सफ़ में लगे अपनी बारी की उम्मीद न कर,
एक कोशिश तो है जो आम से बंदे को ख़ास बना ही जाती है।
ख़ुदा की रज़ा में रहने वालों को लियाक़त आ ही जाती है।

कभी मौसम बरसातों के, कभी बेरुख़ी सी गर्म हवा,
ये तो किरदार है क़ुदरत का, भला कोई होगा उस से क्यों ख़फ़ा।

अज़ल से है ऐसा होता है, ये जानते हैं सब,
फिर भी बशर के मन में कोई न कोई शिकायत आ ही जाती है।
ख़ुदा की रज़ा में रहने वालों को लियाक़त आ ही जाती है।

19. गिनती तारों की

गिनती तारों की तो मुमकिन नहीं,
फिर भी हिस्से अपने के मैं गिन लेता हूँ।

जब अनकहे जज़्बातों से कभी भर जाता है दिल मेरा,
फिर बिखरे अल्फ़ाज़ों को शादाब कर जाता है दिल मेरा।
कुछ मुख़्तलिफ़ फ़िक्रों को जोड़ कर गीत में अपना एक सिल लेता हूँ,

फ़र्क नहीं फिर कोई पूछे या ना पूछे कैफ़ियत मेरी,
मेरे गीत के ज़रिए खुद से ही जब मिल लेता हूँ।

गिनती तारों की तो मुमकिन नहीं,
फिर भी हिस्से अपने के मैं गिन लेता हूँ।

ख़ुशी हो या ग़मी, किसी हद में नहीं रखता हूँ मैं,
ख़ुदा को याद कर लेता हूँ किसी मुश्किल में जब फँसता हूँ मैं।

ज़िंदगी में बहुत सीधे से फ़लसफ़ो का मेरा इंतेख़ाब है,
पड़ा जाएगा कुल आलम में एक दिन।मेरे अंदर लफ़्ज़ों का जो सैलाब है,
इसी सोच में गुज़र पूरा दिन देता हूँ।

गिनती तारों की तो मुमकिन नहीं,
फिर भी हिस्से अपने के मैं गिन लेता हूँ।

20. नक़ाब-ए-इबादत

हमने सीखा फ़क़त परेशानियों को ज़ाहिर करना,
उसकी बख़्शिशों का न कभी इज़्हार किया था।

चंद लोगों को नसीब होती है इश्क़ में मंज़िलें,
उन चंद लोगों में तूने मेरा इंतेख़ाब किया था।

शुक्रान करने की लाखों वजाहत थीं मेरे पास,
न जाने शिकवों का रास्ता मैंने क्यों इख़्तियार किया था।

बदले में माँगता रहा जहाँ की खुशियाँ सारी,
इबादत नहीं, मैंने तो एक व्यापार किया था।

वो तो ज़ाहिद है फ़ितरत से, जो बख़्श लेता है गुनाहों को,
मौजूद रहा मेरे अंदर, मैंने ही पहचानने से इंकार किया था,।

21. गुरु से ही

गुरु से ही अंधकार में उजाला होता है,
गुरु कुंजी है उसकी, जो हर मुश्किल नाम का ताला होता है।

गुरु से ही होते हैं सब पथ प्रदर्शित,
नहीं बिखरते कभी वो, जिनको गुरु ने सम्भाला होता है।

गुरु बिना ज्ञान भी अधूरा सा रह जाता है,
कोई पत्ता बिन डाली के जैसे हवा में बह जाता है।

न कर पाती हैं किताबें कई बयान उसको,
कुछ सीख ज़िंदगी की गुरु एक लफ़्ज़ में कह जाता है।

गुरु रहबर है, ज़ाहिद है अजल से ही,
गुरु ज़िंदगी की हर कशमकश का एक सहारा होता है।

गुरु से ही होते हैं सब पथ प्रदर्शित,
गुरु से ही अंधकार में उजाला होता है।

www.ingramcontent.com/pod-product-compliance
Lightning Source LLC
Chambersburg PA
CBHW070655240926
51846CB00003BA/923
9789375109570